Suggerimenti e trucchi per l'hacking della rete Wifi

Contenuto

Le reti WiFi non sono impenetrabili, con i giusti trucchi e procedure, è possibile avere una connessione senza conoscere la chiave, se hai sempre voluto essere connesso senza limitazioni, questo è il modo migliore per farlo accadere, tenendo conto del tipo di sistema da cui si può hackerare.

La sicurezza di ogni router lascia una possibilità, cioè il suo livello di sicurezza è sfidato da un difetto di fabbrica, poiché possiedono anche una certa vulnerabilità alle varie procedure che si presentano ogni giorno, perché per ogni modello di rete WiFi, c'è la possibilità di sfidare la sicurezza di questo tipo di connessione.

Le reti WiFi non sono impenetrabili, con i giusti trucchi e procedure, è possibile avere una connessione senza conoscere la chiave, se hai sempre voluto essere connesso senza limitazioni, questo è il modo migliore per farlo accadere, tenendo conto del tipo di sistema da cui si può hackerare.

La sicurezza di ogni router lascia una possibilità, cioè il suo livello di sicurezza è sfidato da un difetto di fabbrica, poiché possiedono anche una certa vulnerabilità alle varie procedure che si presentano ogni giorno, perché per ogni modello di rete WiFi, c'è la possibilità di sfidare la sicurezza di questo tipo di connessione.

Cosa significano le reti WiFi

Il WiFi è un meccanismo che funziona senza fili, permette di aprire la strada all'accesso a internet a diversi dispositivi, è una tecnologia legata a diversi modoso di usi, dove l'assenza di cavi è stabilito come una soluzione chiara, che la connessione viene effettuata attraverso l'uso di infrarossi.

La trasmissione delle informazioni è garantita, perché una delle qualità di questa tecnologia è l'immediatezza, ma la condizione è che l'utente abbia un posto sopra la gamma e la capacità delle reti WiFi, il raggio normale è tra 5 e 150 metri dall'emissione del segnale.

La configurazione è un aspetto chiave nella questione dell'hacking della rete WiFi, è molto semplice e quando non è coperto c'è un vero mal di testa, anche la scheda WiFi dei dispositivi ha molto da fare in modo da poter utilizzare la connessione al meglio, in modo che la compatibilità della rete non sia influenzata.

È legale hackerare una rete WiFi?

La connessione internet senza fili è ciò che caratterizza una rete WiFi, questa emissione di informazioni o dati attraverso le onde crea l'opportunità per molte persone di avere accesso ad essa, che non è un'informazione irrilevante perché uno dei suoi punti bassi è la sicurezza.

La dimensione di una rete WiFi e la sua espansione, fa sì che sia accessibile in qualsiasi tipo da qualsiasi luogo con il suo punto di raggio di copertura, questi vengono ad essere anche senza password per mancanza di configurazione degli amministratori, che può ridurre la velocità di caricamento dei dati internet, perché terze parti possono connettersi alla rete.

Tuttavia, con la creazione della password, non si è nemmeno al sicuro, perché molti metodi permettono di attaccare quella rete ed essere parte di essa, il che è classificato come una truffa informatica, dato che non si ha il consenso del proprietario, e riflette un costo extra sul consumo e in alcuni casi diminuendo la velocità di accesso.

Quella connessione è interpretata come un patrimonio di un'altra persona, quindi è un danno illegale quel tipo di uso, soprattutto perché quell'uso non autorizzato sta causando un aumento della tassa sul fornitore di servizi WiFi, a livello europeo, questo tipo di azioni sono state incluse nel codice penale.

Le pene legali per l'hacking delle reti WiFi, includono fino al carcere, in un periodo superiore a tre anni, più un importo economico alla parte colpita, questo è il rischio che corre al momento di hackerare questo tipo di connessione, anche la misura di questo reato si basa sui metodi utilizzati per svolgere questa azione.

Normalmente il tipo di sanzione legale che si applica è un importo inferiore a 400 euro, e una multa non superiore a tre mesi, ciò che può essere misurato o dimostrato è l'aumento del consumo di internet in quanto vi è una connessione aggiuntiva che non è autorizzata, per raggiungere tale determinazione vengono utilizzati programmi che gestiscono l'attività di rete.

Allo stesso modo in cui i programmi vengono utilizzati per violare una connessione, allo stesso modo le utility sono state progettate per contrastare l'ingresso di terzi non autorizzati, cioè, sono applicazioni che proteggono l'uso delle reti WiFi, avendo anche la possibilità di crittografare la rete.

I segni più usuali per gli utenti di pensare che la loro rete è stata violata, è il calo di velocità, questo tipo di fastidio è quello che provoca un campanello d'allarme, e i programmi che misurano il consumo, forniscono rapporti giornalieri o lo registrano, in questo modo si può iniziare ad avere indizi e prove del consumo extra di un intruso.

Tipi di sicurezza della rete WiFi da violare

Ognuna delle reti WiFi, ha standard di sicurezza, questo è imposto come una barriera in modo che non c'è accesso non autorizzato, il più comune per attaccare per ottenere l'accesso alla connessione, sono i seguenti:

- # WEP

Fa parte di un protocollo di sicurezza conosciuto come standard 802.11, è stato ratificato dal 1997, il suo acronimo corrisponde a: Wired Equivalent Privacy, stabilisce un algoritmo di sicurezza che è obsoleto sulle reti senza fili, si occupa della riservatezza, ma allo stesso modo è possibile hackerare in pochi minuti.

- # WPA

È il sostituto di WEP, è conosciuto come uno standard di sicurezza stabile, è stato portato alla luce dal 2003, il suo acronimo è illustrato come Wi-Fi Protected Access, è una prevenzione contro gli attacchi subiti da WEP, il suo funzionamento è basato su chiavi temporanee, designa una chiave per pacchetto, e ha il controllo dei messaggi.

- ## WPA2

La sua origine è ancorata alla sostituzione di WPA, ha un'implementazione di più elementi, fino a un supporto e crittografia, fondendo aspetto di cui sopra per migliorare il livello di risposta agli attacchi, così hacking questo tipo di sicurezza, richiede passaggi o esecuzioni che sono più sofisticati.

Questo rende più facile prendere di mira le reti WiFi che hanno WEP per esempio, poiché la debolezza è la prima cosa da sfruttare, per aggirare gli standard di sicurezza che cercano di perfezionare ogni difetto.

Come controllare la sicurezza di una rete WiFi

su una rete WiFi può essere effettuata una verifica, per cercare di studiare e certificare la sicurezza della stessa, di solito utilizzare software come WiFi Auditor, questo funziona su sistemi Windows, ha un funzionamento avanzato sul calcolo, è compatibile con qualsiasi computer che ha Java.

Questo nuovo controllo, limita un po' il margine di hacking che può essere presentato su una rete WiFi, soprattutto perché questi software hanno esteso la loro versione per Mac OS X, questo aiuto lascia da parte qualche livello di vulnerabilità che presenta la rete, ma nella sua operazione di protezione, è anche in grado di fornire password.

- ## WiFi Auditor come strumento di hacking

Il potere di funzionamento di WiFi Auditor, fornisce informazioni sulle password delle reti WiFi che sono vulnerabili, così come quelle che non hanno sicurezza, quindi sarebbe uno strumento che è utile per utilizzare queste password per connettersi gratuitamente a internet gratis.

Le opzioni di base di questo software sono molto facili da capire, basta cliccare sull'opzione "audit di rete" in modo che il programma possa svolgere le sue funzioni, è un lavoro automatico che fornisce i dati sulla vulnerabilità della sicurezza che permette di controllare e avere potere su quelle reti.

Il rilevamento delle debolezze di sicurezza, ha anche molto a che fare con il router che viene utilizzato, perché il suo livello di vulnerabilità può causare in pochi secondi per ottenere la password, incidendo sugli algoritmi che sono stati resi pubblici tenendo conto dell'indirizzo MAC.

è basato su chiavi temporanee, designa una chiave per pacchetto, e ha il controllo dei messaggi.

- **WPA2**

La sua origine è ancorata alla sostituzione di WPA, ha un'implementazione di più elementi, fino a un supporto e crittografia, fondendo aspetto di cui sopra per migliorare il livello di risposta agli attacchi, così hacking questo tipo di sicurezza, richiede passaggi o esecuzioni che sono più sofisticati.

Questo rende più facile prendere di mira le reti WiFi che hanno WEP per esempio, poiché la debolezza è la prima cosa da sfruttare, per aggirare gli standard di sicurezza che cercano di perfezionare ogni difetto.

Come controllare la sicurezza di una rete WiFi

su una rete WiFi può essere effettuata una verifica, per cercare di studiare e certificare la sicurezza della stessa, di solito utilizzare software come WiFi Auditor, questo funziona su sistemi Windows, ha un funzionamento avanzato sul calcolo, è compatibile con qualsiasi computer che ha Java.

Questo nuovo controllo, limita un po' il margine di hacking che può essere presentato su una rete WiFi, soprattutto perché questi software hanno esteso la loro versione per Mac OS X, questo aiuto lascia da parte qualche livello di vulnerabilità che presenta la rete, ma nella sua operazione di protezione, è anche in grado di fornire password.

- ## WiFi Auditor come strumento di hacking

Il potere di funzionamento di WiFi Auditor, fornisce informazioni sulle password delle reti WiFi che sono vulnerabili, così come quelle che non hanno sicurezza, quindi sarebbe uno strumento che è utile per utilizzare queste password per connettersi gratuitamente a internet gratis.

Le opzioni di base di questo software sono molto facili da capire, basta cliccare sull'opzione "audit di rete" in modo che il programma possa svolgere le sue funzioni, è un lavoro automatico che fornisce i dati sulla vulnerabilità della sicurezza che permette di controllare e avere potere su quelle reti.

Il rilevamento delle debolezze di sicurezza, ha anche molto a che fare con il router che viene utilizzato, perché il suo livello di vulnerabilità può causare in pochi secondi per ottenere la password, incidendo sugli algoritmi che sono stati resi pubblici tenendo conto dell'indirizzo MAC.

Il tipo di password che possono essere contrastate da WiFiAuditor, sono quelle con le seguenti caratteristiche o descrizione:

- Quelle reti che per default mantengono il nome originale imposto dal router stesso.
- Password di default, di solito la stessa che è inserita sul retro del router.
- Reti che sono vicine, senza ostacoli o interferenze come grandi muri, permettendo al mittente e all'uso del software di avere un contatto completo.
- Il router ha un algoritmo pubblico e identificabile.

Questo è dovuto al fatto che lo studio o l'identificazione che questo software esegue, è in grado di avere accesso alla password o almeno al router, quel tipo di modo libero permette che la connessione a internet possa essere fornita da questo strumento.

- **Caratteristiche di WiFi Auditor vs WiFislax**

Un confronto tra WiFislax e WiFi Auditor che sono ampiamente utilizzati al giorno d'oggi, a causa della semplicità delle loro funzioni, facendo sì che la divulgazione delle password

WiFi sia più comune del solito, prima di confrontare entrambi, si consiglia di controllare la legislazione locale sull'uso di questi software per evitare eventuali problemi.

Il primo punto differenziale tra un software e l'altro, è che WiFislax non è compatibile con Windows, ma WiFi Auditor può lavorare con questo tipo di sistema operativo, inoltre questo non richiede alcuna installazione, ma funziona con l'ultima versione di Windows, perché funziona come una macchina virtuale JAVA.

D'altra parte nei risultati, entrambe le alternative sono efficienti per studiare qualsiasi tipo di rete che è vicino, anche se se avete una potente antenna, la gamma è aumentata significativamente, è consigliabile optare per un pannello direzionale, essendo una delle migliori opzioni per sfruttare entrambi i software.

- ## Il processo di installazione di WiFi Auditor

Uno dei requisiti per installare WiFi Aditor è avere JAVA, il che esclude qualsiasi tipo di utilizzo su Android, ma se è disponibile con Windows e MAC Apple, il suo funzionamento è veloce e semplice, a differenza di WiFislax che ha opzioni più avanzate e richiede più tempo, ma supporta solo Linux.

L'esecuzione di questi software permette di effettuare due alternative, in primo luogo le reti di controllo, e collegare, in questo modo è possibile generare la decrittazione della chiave che è possibile, questo è rilasciato direttamente sullo schermo, e guida la connessione, la sua applicazione è semplice senza alcun manuale è messo in atto.

La cosa migliore di questo tipo di software è che non è classificato come illegale, è un calcolo matematico, quindi in quanto tale non decifra le password o non è progettato per farlo, ma le sue operazioni espongono i difetti dei modelli di router, essendo facile indovinare il tipo di chiave che ha.

Gli stessi internet provider, sono ciò che espongono online il tipo di password che hanno di default, e quando l'amministratore non fa un cambiamento sullo stesso, è che questo divario di opportunità di hacking della rete è presentato, ciò che è illegale è l'uso di quella rete WiFi senza consenso, ma l'ottenimento lecito è un altro aspetto.

Il programma WiFi Auditor non fornisce password che sono state personalizzate dall'utente, quel tipo di cambiamento non è facile da rilevare, né è compatibile con le funzioni del software, la sua azione è sulle reti vulnerabili e la disattenzione dell'utente, le marche con il maggior margine di debolezza è Dlink, Axtel, Verizom, Tecom e altre.

I caratteri più usati nelle password delle reti WiFi

La formazione di una password su una rete WiFi, quando personalizzato, complica qualsiasi tipo di tentativo di hacking, tuttavia la maggior parte degli utenti non eseguire questo passaggio, ma utilizzare questa rete sotto valori predefiniti, programmi mantenere un dizionario del più possibile, per violare la sicurezza della rete.

I valori più comunemente usati sono numerico, alfabeto latino in minuscolo o maiuscolo, alfanumerico, esadecimale sia in maiuscolo che in minuscolo, anche i caratteri speciali possono essere incorporati, le password di fabbrica hanno un set esadecimale di 16 tipi di caratteri possibili.

Questo tipo di informazioni o dati, riduce la possibilità in grandi proporzioni, lasciando che l'algoritmo si occupi di scartare le compatibilità con la password, per questo motivo è una mancanza di sicurezza lasciare la chiave che si impone in modo predeterminato, per questo motivo la cosa raccomandata è che mettano 12 caratteri.

D'altra parte, quando una qualsiasi chiave è inserita nella rete WiFi, la forza bruta deve essere implementata perché ci sia una decrittazione tempestiva, dipende dalla potenza o capacità del computer, altrimenti il tempo per scoprire la chiave, aumenta proporzionalmente, di solito le chiavi che hanno lunghezza di 8 cifre richiedono da 7 a 93 giorni.

Quando si uniscono variabili come le maiuscole e le minuscole, l'attesa può arrivare fino ad anni, il che significa che quando si tratta di password più complesse, anche il miglior programma non sarà in grado di agire efficacemente, poiché ognuno sviluppa operazioni matematiche, nel mezzo del processo di cracking.

Di fronte a questo scenario negativo di password complesse, l'unico modo per velocizzare il tutto è con una corretta implementazione dell'attrezzatura, dove spicca la scheda grafica, questa deve essere potente, in modo che abbia una performance di 350.000 hash WPA o WPA2 al secondo, poiché questo significa che studia fino a 350.000 password.

Quando si incorporano hardware di dimensioni FPGA, si presenta una performance fino a 1.750.000 hash al secondo, essendo una differenza considerevole, questo è essenziale da sapere in anticipo, perché se la password non è lunga, e non si trova sul dizionario, significa che è un processo molto ritardato.

I fattori che compromettono una rete WiFi

Trovare la vulnerabilità di una rete WiFi, compromette completamente tutti i livelli di sicurezza, quel risultato fatale, può essere originato quando diversi fattori concorrono, vale a dire, sotto i seguenti scenari possono essere sviluppati atti maligni:

1. Dirottamento DNS

Una rete può ricevere un attacco dalla navigazione in Internet, perché il Domain Name System (DNS) permette la comunicazione tra un dispositivo e la rete, quel tipo di funzione può essere padroneggiata da un cracker, per cambiare il DNS del provider reale, in cambio del proprio, come esca malevola.

Quando si verifica questo tipo di cambiamento, l'utente può aprire un portale, e non sarà sicuro che sia quello corretto, ma può trovarsi su un sito controllato dall'attaccante, ma mantiene l'aspetto del sito originale, questo è impercettibile per l'utente, ma quando si inseriscono le informazioni, saranno inviate all'attaccante.

Questo tipo di rischio, ha più a che fare con la sicurezza dei dati personali, in quanto è anche un processo attuato dai programmi di hacking della rete WiFi, in alcuni casi il browser stesso emette una comunicazione, o qualche segnale di avvertimento agli utenti per fargli sapere che qualcosa non va.

2. **Botnets**

Questo fattore rivela che alcuni router hanno un accesso remoto, molti sono accesi sotto una modalità predefinita, questo crea l'opportunità di entrare nel router da quel percorso remoto, questo accade attraverso l'uso del server Secure Shell noto come SHH, così come un server Telnet o con un'interfaccia web viene effettuata.

Quando un utente non cambia queste password di default, i servizi di accesso diretto sono autorizzati a connettersi attraverso internet, lasciando da parte qualsiasi tipo di protezione, poiché chiunque può avere accesso, dato che dovrebbe solo usare un programma per rilevare i dati di default che è semplice.

Inoltre, su internet questo tipo di dati viene pubblicato, facendo sì che gli attacchi informatici siano più efficaci, questi tipi di situazioni o caratteristiche sono esposte e lasciano la sicurezza senza risposta.

3. Monitoraggio del traffico

Attualmente vengono sviluppati strumenti di spionaggio, uno di loro che colpisce direttamente una rete WiFi, è il monitoraggio del traffico, uno dei più popolari è tcpdump, questo è associato direttamente al router, per raccogliere tutte le comunicazioni criptate che vengono mantenute trasmesse attraverso il router.

4. Proxy

L'invisibilità degli attaccanti è un altro fattore che colpisce direttamente le reti WiFi, in questa manovra gli attaccanti non eseguono alcun tipo di installazione, poiché ha solo bisogno che l'SSH sia disponibile, quindi viene adottato come travestimento, viene creato un indirizzo invisibile, e prima di qualsiasi attacco il vostro indirizzo non è esposto, ma quello che è stato violato.

5. Protocolli vulnerabili

Diversi protocolli come UPnP, Bonjour, Zeroconf, e SSDP, forniscono un percorso aperto, questo è testato dalle applicazioni che fanno parte della dinamica dei dispositivi dell'internet delle cose, e dei router, e in assenza di aggiornamento di questi protocolli, si verifica un noto fallimento, essendo un'opportunità per un attacco.

Per capirlo meglio, è necessario elaborare che un protocollo come Universal Plug and Play (UPnP), riassume la configurazione di apparecchiature di livello PlayStation così come Skpe, questo tipo di programmi, apre la porta a più utenti per essere parte dello sviluppo delle sue funzioni, e questo fa sì che l'indirizzo IP sia pubblico.

Qualsiasi tipo di guasto con l'uso di UPnP, direttamente sul router, fa venire alla luce delle falle, e questo permette a più aggressori di accedere alla rete interna, quindi sono protocolli che abilitano le funzioni, ma a loro volta, mettono tutto a rischio.

6. **Password deboli**

I router che fanno parte del WiFi, utilizzano diversi meccanismi di crittografia, può essere una rete aperta, senza alcuna crittografia, così come il noto WPA2, è consigliabile non applicare metodi che non hanno garanzie come WEP e WPA, perché vengono decifrati abbastanza facilmente.

La crittografia personale WPA2 è una delle più affidabili, ma tutto dipende dalla decisione che si può prendere sulla password, dato che una che ha almeno otto cifre può essere decifrata in pochi minuti, specialmente quando si usano programmi di attacco brute force.

Quando un utente non prende sul serio la chiave della rete WiFi, sorgono problemi, poiché è un punto facile per gli aggressori di connettersi al router, e questo fa sì che anche i dispositivi collegati alla rete siano esposti, sebbene gli attacchi mirino anche alle vulnerabilità del firmware del router.

Suggerimenti per craccare le password di rete WiFi per Linux

L'interesse per decifrare la password delle reti WiFi di terze parti è in aumento, è un compito che sopra complesso richiede solo conoscenza, perché con i suggerimenti giusti e preparazione extra, si può avere la capacità di ottenere qualsiasi tipo di chiave, anche se l'uso di tali dati, sono a proprio rischio legale.

Quando si vuole hackerare una rete WiFi, la procedura cambia a seconda del tipo di sistema operativo da cui questa azione sarà effettuata, quindi è classificata come segue:

- **Preparazione per Linux**

Nel caso di hacking da un sistema Linux, dovete avere o incorporare quanto segue:

1. **Aircrack-ng:** rappresenta una suite di vari programmi, essendo utile per attaccare le reti WiFi, questa serie di programmi ospita pacchetti per generare attacchi, tali programmi sono quelli che decifrano le chiavi, sia WEP o WPA.

2. **Scheda di rete USB:** questa è un'aggiunta che può essere PCI.

3. **Reaver-wps:** sono tipi di programmi che approfittano dei fallimenti sull'incorporazione del WPA, grazie al WPS.

Una volta ottenuti questi tre requisiti, è il momento di controllare la rete per ottenere la chiave WiFi, la cosa principale è installare Aircracck-ng, ha una versione a 32-bit e 64-bit, quando l'hai installata, è il momento di avere la scheda di rete

USB, tali schede hanno più capacità di altre, quella che spicca è RTL8187 chipset.

La stabilità di questo tipo di scheda è attraente, e tutti i programmi sono in grado di lavorare con esso, solo deve essere collegato, per passare all'ultimo passo di scaricare il reaver-wps, questo è quello che aiuta a rilevare le vulnerabilità che esistono, per applicare attacchi smussati contro il WPS, e trovare il pin di sicurezza.

Il modo migliore per ottenere la chiave di rete WiFi, è quello di mettere il dispositivo di rete sotto una modalità di monitoraggio, oltre a studiare la possibilità di applicare pacchetti sulla rete WiFi, quindi è possibile utilizzare il comando airmon-ng, lavorando così per ottenere la chiave, i passaggi sono i seguenti:

1. **Eseguire lwconfig:** Questa funzione aiuta a rilevare la scheda WiFi, osservando quel numero si può eseguire un altro comando, che indica il nome del dispositivo.

2. **Creare il dispositivo per estrarre la chiave:** La creazione di un dispositivo è ciò che permette di iniettare su quella rete che si intende dominare,

- Inserisci la password quando il software la richiede, questa è la chiave usata per accedere al computer, poi puoi premere invio e come tale abilita l'accesso di root, utile per far eseguire i comandi dopo il terminale.

- Individuate il nome sul monitor della rete che state cercando di hackerare, almeno uno personale dovrebbe apparire, altrimenti significa che la scheda WiFi non supporta questo tipo di monitoraggio.

- Iniziate a monitorare la rete digitando il comando airmonng start e il nome della rete e premendo invio.

- Abilita l'interfaccia, dopo aver imposto il comando iwconfig.

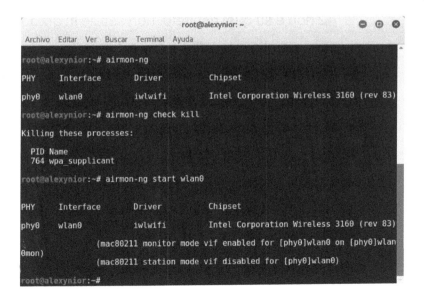

Come entrare in una rete WiFi da Linux senza una scheda grafica

Il metodo di hacking di Linux può essere complesso a causa della questione della scheda grafica, per questo motivo ci sono modi per eseguire questa procedura quando si usa air-crack-ng su un computer, ma perché questo diventi una realtà, devono essere eseguiti i seguenti passi:

1. **Scaricare il file dizionario:** il file più comunemente usato per questo scopo è Rock You, potete scaricarlo, e poi prendere in considerazione la lista di parole, perché se la password WPA o WPA2 non è su quel risultato, non sarete in grado di accedere alla rete WiFi.

2. **Avviare la procedura di decrittazione della password:** Per avviare il progresso, è necessario includere il comando aircrack-ng -a2 -b MAC -w rockyou.txt name.cap, è essenziale assicurarsi di utilizzare le informazioni di rete corrette, nel caso di una rete WPA, cambiare quella "a2" per una semplice "a".

3. **Aspettate i risultati del terminale:** quando appare un'intestazione come "KEY FOUND", potete ottenere la password.

Con un'installazione extra, e con meno efficienza, è possibile effettuare l'hacking della rete WiFi, senza la necessità di avere la scheda WiFi, quel tipo di struttura dovrebbe essere potenziata per ottenere i risultati attesi.

Quello che devi sapere per hackerare il WiFi da Android

La disponibilità di alcune reti WiFi, fa sì che ci sia qualche tentazione di decifrare le loro chiavi, questo è possibile fare da un Android anche, ci sono diverse applicazioni per questo scopo, può essere utilizzato facilmente per avere la password della rete, e godere di quella connessione.

Le uniche condizioni per avere il vantaggio di decifrare le chiavi, è attraverso alcuni dispositivi che hanno caratteristiche speciali, di solito dispositivi radicati, con archiviazione, batteria e memoria disponibili in modo che i risultati siano ottimali.

Per mezzo di pochi passi, si può provare a violare la rete WiFi, in modo semplice il tuo cellulare può essere trasformato in un mezzo di attacco informatico, basta implementare le seguenti azioni:

1. Prima di tutto, ognuno dei seguenti strumenti deve essere scaricato tramite Google Play o App Store, in modo da poterli installare sui vostri dispositivi.
2. È fondamentale aprire l'applicazione, in modo che possa essere eseguita.
3. Di solito la prima cosa che la maggior parte di questi strumenti fa è analizzare ogni rete WiFi, in mezzo a una lista di tutte le opzioni di connettività.
4. In ogni rete WiFi c'è un colore che indica il grado di blocco, questo è un segnale della possibilità disponibile di hacking, è un punto di partenza per effettuare l'attacco.
5. Quando cliccate sulla rete che volete violare, la prossima cosa da fare è cliccare su "Connect".

3. **Aspettate i risultati del terminale:** quando appare un'intestazione come "KEY FOUND", potete ottenere la password.

Con un'installazione extra, e con meno efficienza, è possibile effettuare l'hacking della rete WiFi, senza la necessità di avere la scheda WiFi, quel tipo di struttura dovrebbe essere potenziata per ottenere i risultati attesi.

Quello che devi sapere per hackerare il WiFi da Android

La disponibilità di alcune reti WiFi, fa sì che ci sia qualche tentazione di decifrare le loro chiavi, questo è possibile fare da un Android anche, ci sono diverse applicazioni per questo scopo, può essere utilizzato facilmente per avere la password della rete, e godere di quella connessione.

Le uniche condizioni per avere il vantaggio di decifrare le chiavi, è attraverso alcuni dispositivi che hanno caratteristiche speciali, di solito dispositivi radicati, con archiviazione, batteria e memoria disponibili in modo che i risultati siano ottimali.

Per mezzo di pochi passi, si può provare a violare la rete WiFi, in modo semplice il tuo cellulare può essere trasformato in un mezzo di attacco informatico, basta implementare le seguenti azioni:

1. Prima di tutto, ognuno dei seguenti strumenti deve essere scaricato tramite Google Play o App Store, in modo da poterli installare sui vostri dispositivi.
2. È fondamentale aprire l'applicazione, in modo che possa essere eseguita.
3. Di solito la prima cosa che la maggior parte di questi strumenti fa è analizzare ogni rete WiFi, in mezzo a una lista di tutte le opzioni di connettività.
4. In ogni rete WiFi c'è un colore che indica il grado di blocco, questo è un segnale della possibilità disponibile di hacking, è un punto di partenza per effettuare l'attacco.
5. Quando cliccate sulla rete che volete violare, la prossima cosa da fare è cliccare su "Connect".

per questo è vitale inserire il comando "sudo air-mon-ng start (nome dispositivo)", per attivare questa opzione è necessario essere root.

3. **Controllo dello stato:** si fornisce un'informazione sullo schermo, inserendo il comando "iwconfig", che indica l'attivazione della modalità monitor sul dispositivo, attraverso la quale si cercherà di decifrare la chiave WiFi.

4. **Esecuzione della rottura della chiave:** Per misurare il funzionamento dei passi precedenti, hai solo bisogno di avviare il dispositivo, per questo devi avere aireplay-ng, questo è fornito da air-crack-ng, basta eseguire il comando "aireplay-ng -test mono", questo sotto la modalità amministratore.

Il risultato dell'azione di cui sopra, emette il risultato di "injection is working", in modo da poter scoprire se l'iniezione di pacchetti funziona, è un modo per crackare la chiave WiFi, portando fuori le vulnerabilità dietro la configurazione della rete.

Un'altra alternativa più semplice per effettuare questa procedura attraverso Linux, dove è vitale scaricare Kali Linux, per essere uno degli strumenti più essenziali, il seguito è quello di avere la chiavetta USB per essere un drive avviabile, e nella sua memoria sarà il file ISO di Kali Linux per installarlo in seguito.

Investire in una scheda WiFi facilita l'intera procedura, è un modo per monitorare tutte le informazioni sulla rete Wi-Fi, dopo questo punto è fondamentale accedere come utente root, questa è la chiave per effettuare il processo di hacking, quella connessione tra la scheda WiFi al computer è ciò che mette in moto l'intero processo.

Dopo che questi passi preliminari sono stati completati, devono essere eseguiti i passi seguenti:

- Aprite il terminale del computer che ha Kali Linux, la prima cosa è entrare nell'icona dell'applicazione, cliccate, in modo che appaia una finestra nera, dovete inserire la scritta o il simbolo di "maggiore di", o potete anche premere Alt+Ctrl+T.

- Fornisce il comando di installazione menzionato sopra come "aircrack-ng", dove si inserisce il comando e si preme invio, il comando è sudo apt-get install aircrack-ng.

WPS Connect

🔒 [WPA2]	**5gNYSAL** DC:53:7C:64:B9:A2	▼ -79
🔒 [WPA2]	**PS4-370CF11D819D** B0:05:94:6D:3D:51	▼ -80
🔒 [WPA2]	**MiFibra-229B** 44:FE:3B:40:22:9D	▼ -80
🔒 [WPA2]	**Invitado-7F36** 72:CC:22:9C:7F:39	▼ -83
🔒 [WPA2]	**-- Hidden network --** 44:FE:3B:3F:A9:72	▼ -84
🔒 [WPA2]	**MiFibra-A96F** 46:FE:3B:3F:A9:72	▼ -84
🔒 [WPA2]	**HUAWEI-E5186-5G-4F2B** A4:CA:A0:4C:4F:2D	▼ -85
🔒 [WPA2]	**ONOC825** DC:53:7C:3C:2D:3E	▼ -85
🔒 [WPA2]	**forfox2** 98:DE:D0:C3:5F:3F	▼ -85
🔒 [WPA2]	**MiFibra-7F36** 64:CC:22:9C:7F:38	▼ -85
🔒 [WPA2]	**MiFibra-2F2F** 44:FE:3B:40:2F:31	▼ -86
🔒 [WPA2]	**Lowi4932** 10:C2:5A:FB:49:37	▼ -86
🔒 [WPA2]	**MiFibra-7274** BC:30:D9:79:72:76	▼ -89

È necessario conoscere le migliori applicazioni Android per violare le reti WiFi, qualsiasi delle seguenti che si utilizza, fornisce risultati interessanti per violare i livelli di sicurezza della rete:

- ## Kali Linux NetHunter

Uno strumento della statura di Kali Linux Nedthunter, si caratterizza come uno dei potenti, permette di hackerare qualsiasi tipo di rete WiFi, il suo funzionamento è open source, è uno dei pionieri in questo settore, per utilizzarlo, è necessario aver installato lo strumento Kali WiFi, per effettuare la procedura.

Successivamente è necessario incorporare un Kernel personalizzato, dove vengono aggiunte le iniezioni wireless, anche se alcune non sono supportate da alcuni Android, si dovrebbe cercare di scaricare quelle appropriate.

- ## WPS Connect

Questa è una delle applicazioni più popolari per hackerare WiFi, il suo tema principale è quello di testare la sicurezza della rete, questa applicazione è compatibile con i router di tutti i tipi, la cosa principale è quella di installare l'applicazione per utilizzarla nel rilevamento delle vulnerabilità disponibili su una rete.

L'efficacia di questa applicazione si appoggia sulle reti che sono più vulnerabili all'hacking, che viene effettuata per mezzo di combinazioni di PIN, approfittando della probabilità che viene generata dagli utenti che non modificano la password imposta dal router, che la configurazione predeterminata è un vantaggio per connettersi a quella rete.

• Tester WPS WPA

Quest'altra alternativa permette di violare la rete WiFi, il suo sviluppo si basa sullo sfruttamento delle vulnerabilità massime che rileva, in teoria questa funzione cerca di portare alla luce queste falle per correggerle, ma non è controllata per essere utilizzata per altri scopi, per loro si possono provare algoritmi come Belkin, TrendNet e simili.

La compatibilità dell'applicazione, è associata alla versione 5.0 di Android così come le versioni superiori, altrimenti le versioni più vecchie non aiutano a rilevare il WEP-WPA-WPA2, e fare fatali diversi tentativi in modo che questo possa funzionare.

• Aircrack-ng

Un'opzione affidabile e stabile per decifrare la chiave di rete WiFi è rappresentata da questa applicazione, è sviluppata sotto il funzionamento del kernel Linux, il suo design è associato a XDA, per questo motivo ha un uso efficiente su Android, oltre ad essere in grado di trovare chip WiFi che sono supportati dalla modalità monitor.

L'uso di questa applicazione dipende da un dispositivo radicato, è anche fondamentale l'assistenza di un computer che ha Linux, per completare l'uso corretto di ogni funzione, è possibile guardare diversi tutorial che illustrano tale uso.

• DSploit

È stato sviluppato come una grande applicazione per questo scopo di studiare le reti WiFi, con una qualità XDA, raggiungendo la fine di conoscere le vulnerabilità che possono esistere su una rete WiFi, essendo un grande indizio per raggiungere penetrare la rete WiFi, così può essere definito come un pacchetto completo che analizza e rilascia informazioni di rete.

La capacità di questo studio, permette di decifrare più dettagli del WiFi, poiché viene effettuata una scansione delle porte, senza dimenticare di tracciare altri tipi di operazioni, l'uso di questa applicazione è spesso spiegato per mezzo di YouTube.

• AndroDumpper

AndroDumpper si presenta come un'applicazione che scansiona le reti WiFi che si trovano nelle vicinanze, è un'ampia descrizione sulla connessione, opera grazie ad un algoritmo che si mette in moto fino a determinare alcune password, rendendo possibile l'hacking che ogni utente sta cercando.

Il funzionamento di questa applicazione è direttamente associato con i router per WPS, anche se in altri tipi di router può prendere effetto, è solo un requisito chiave per utilizzare un mobile radicata.

L'hacking di Android può essere difficile all'inizio, ma le applicazioni di cui sopra sono le migliori per questa missione, ma all'inizio si dovrebbe impostare l'applicazione per essere utilizzata dalla propria rete o da una a cui si ha accesso, poi si può passare ad altri tipi di utilizzo.

Scoprite come violare le reti WPA e WPA2 senza usare il dizionario

L'hacking di una rete WPA e WPA2 è una facilità, si effettua per mezzo di tecniche che diventano automatizzate, verso questo tipo di evoluzione è lo strumento WiFiPisher, è una grande novità e fa parte della progettazione di LINSET (Linset Is Not a Social Enginering Tool).

Questo tipo di script segue lo stesso processo di altri script simili, questo si esprime dopo le seguenti azioni o attribuzioni:

- Scansione sulle reti WiFi vicine.
- Fornisce una lista di reti disponibili dove possono essere aggiunti dei filtri.
- Funzione di selezione della rete per catturare l'handshake, in alcuni casi può essere usato senza handshake.
- Permette di creare il falso ap, in questo passo si può mettere lo stesso nome dell'originale, in modo che gli utenti possano connettersi a questo falso ap.
- Installazione del server DHCP, questo è incorporato sulla rete fasulla in modo che la richiesta di connessione da parte della vittima, ottenere una richiesta per la

password, quando lo inseriscono, l'obiettivo è soddisfatto, questo passo può essere personalizzato per essere uguale al router della vittima.

- La password lanciata, può essere sottoposta a una verifica e viene confrontata con l'handshake, per essere corretto si ferma l'attacco DoS, e il server è abbassato in modo che ancora una volta collegare al vero AP.

Alla fine di ognuna di queste funzioni, è di nuovo il momento di pulire i temporanei che sono stati creati, cioè potete fermare tutti i servizi in modo che non ci sia più esecuzione da parte del sistema.

L'uso di LINSET per hackerare le reti WPA e WPA2, aiuta questo processo non richiede dizionario, con i vantaggi di essere in spagnolo, e nello stesso file include altri, nel mezzo di tale operazione fornisce supporto alla comunità, senza perdere di vista la conoscenza del produttore del router.

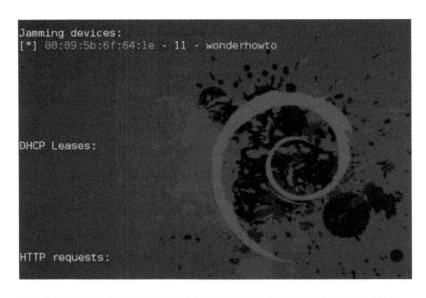

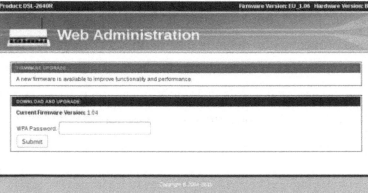

Ogni portale ha lingue accessibili ad ogni utente, e sviluppa
diversi modi per catturare la stretta di mano, è uno strumento

- Inserisci la password quando il software la richiede, questa è la chiave usata per accedere al computer, poi puoi premere invio e come tale abilita l'accesso di root, utile per far eseguire i comandi dopo il terminale.
- Individuate il nome sul monitor della rete che state cercando di hackerare, almeno uno personale dovrebbe apparire, altrimenti significa che la scheda WiFi non supporta questo tipo di monitoraggio.
- Iniziate a monitorare la rete digitando il comando airmonng start e il nome della rete e premendo invio.
- Abilita l'interfaccia, dopo aver imposto il comando iwconfig.

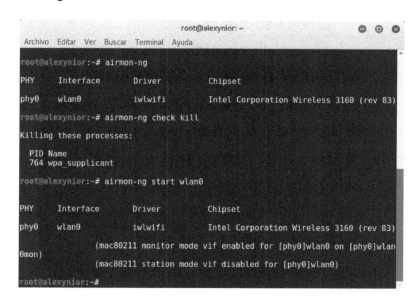

Come entrare in una rete WiFi da Linux senza una scheda grafica

Il metodo di hacking di Linux può essere complesso a causa della questione della scheda grafica, per questo motivo ci sono modi per eseguire questa procedura quando si usa aircrack-ng su un computer, ma perché questo diventi una realtà, devono essere eseguiti i seguenti passi:

1. **Scaricare il file dizionario:** il file più comunemente usato per questo scopo è Rock You, potete scaricarlo, e poi prendere in considerazione la lista di parole, perché se la password WPA o WPA2 non è su quel risultato, non sarete in grado di accedere alla rete WiFi.

2. **Avviare la procedura di decrittazione della password:** Per avviare il progresso, è necessario includere il comando aircrack-ng -a2 -b MAC -w rockyou.txt name.cap, è essenziale assicurarsi di utilizzare le informazioni di rete corrette, nel caso di una rete WPA, cambiare quella "a2" per una semplice "a".

con un tempo di progettazione molto più maturo, è necessario eseguire precedentemente queste azioni di preparazione:

1. Installazione di ciascuno dei file menzionati sopra.
2. Personalizza il portale per essere vincolato, una volta che hai i file separatamente.
3. Monitoraggio dei parametri per automatizzare l'attacco da effettuare.
4. Non c'è bisogno di ossessionarsi per ottenere la stretta di mano.

Hacking delle reti WiFi con PMKID

Le tecniche di hacking delle reti WiFi si estendono a diversi strumenti che si concentrano su una diversa classe di router, come il cracking di password PMKID, che ha una performance ottimale sui protocolli WPA/WPA2, padroneggiando ogni caratteristica.

Questo tipo di azioni, cerca di alterare le reti WiFi, le sue funzioni sono state progettate accidentalmente, cercando di raggiungere lo standard di sicurezza WPA3, così è emerso questo metodo che permette di ottenere e recuperare le password, quindi è attraente su hacking e soprattutto per il monitoraggio delle comunicazioni su Internet.

I metodi per raggiungere un risultato promettente, si presentano quando qualsiasi utente accede, in quanto fornirà la password, tutto questo avviene dopo il protocollo di autenticazione a 4 vie, dove viene controllata la porta di rete, che risulta nei seguenti passi:

1. Usate gli strumenti hcxdumptool, sotto v4.2.0 o superiore, in questo modo il PMKID genera il punto di accesso specifico, per avere un contatto con il frame ricevuto attraverso un file.

2. Attraverso lo strumento hcxpcaptool, l'output è presentato in formato pcapng, dove il formato hash è convertito e accettato da Hashcat.

3. Applicazione degli strumenti di cracking della password Hashcat, fino ad ottenere la password WPA PSK, questo tipo di password viene estratto dalla rete wireless, ma funziona solo o ha più peso sulle reti con una funzione di roaming.

Questo tipo di hack WiFi non è utile contro un protocollo di sicurezza che è della generazione WP3, perché è una modalità di attacco o vulnerabilità più complicata, tuttavia questa tecnologia viene utilizzata contro quella che ha già più tempo di utilizzo o nel mercato.

Come ottenere le chiavi di rete WiFi con BlackTrack 5

Blacktrack è conosciuto in tutto il mondo come uno strumento classico per effettuare il cracking, il suo funzionamento è basato su una distribuzione del sistema Linux, il suo design è focalizzato direttamente sulla realizzazione di questi attacchi, anche se a livello ufficiale è pubblicato come uno strumento per l'auditing delle reti WiFi.

Nel corso del tempo, sono state sviluppate diverse versioni di questo programma, insieme a una lunga lista di tutorial, tutti trovati sul suo sito ufficiale, mantiene una varietà di utilità all'interno di un unico programma, che evidenzia lo scanner di rete Nmap, Wireshark e l'exploit del browser BeEF, che causa un'estrazione.

Il suo utilizzo è totalmente semplice, e può essere utilizzato su Windows come sistema di avvio, quindi installato senza problemi, è anche disponibile per essere utilizzato su Android, ma non è raccomandato perché non genera risultati efficienti, dove il primo passo è quello di dirvi il tipo di rete che volete attaccare.

```
bt ~ # airmon-ng
Interface        Chipset         Driver

ra0              Ralink b/g      rt2500

bt ~ # airmon-ng stop ra0

Interface        Chipset         Driver

ra0              Ralink b/g      rt2500 (monitor mode disabled)

bt ~ # ifconfig ra0 down
bt ~ # macchanger --mac 00:11:22:33:44:55 ra0
Current MAC: 00:c0:ca:25:2d:41 (Alfa, Inc.)
Faked MAC:   00:11:22:33:44:55 (Cimsys Inc)
bt ~ # airmon-ng start ra0

Interface        Chipset         Driver

ra0              Ralink b/g      rt2500 (monitor mode enabled)

bt ~ #
```

Per valutare le opzioni di hacking, basta controllare il pannello delle reti WiFi che sono disponibili, poi copiare il nome di esso, e iniziare la procedura di hacking, la durata del processo effettua una stima sulla fattibilità di hacking di questo tipo di rete.

I segreti per violare le reti WiFi senza software

Non c'è dubbio che un passo semplice per hackerare una rete WiFi, è non dover usare programmi, tanto meno pagare per tali risultati, il primo può essere semplicemente catturare alcune sviste su una rete aperta senza alcuna configurazione, non è hackerare correttamente, ma è più semplice e lecito.

Per catturare un certo tipo di rete senza chiavi, è necessario acquisire un'antenna WiFi a lungo raggio, il suo valore è di circa almeno 100 euro, e poi pensare a un'installazione sul terrazzo o sul tetto, essendo in grado di rilevare qualsiasi tipo di segnale almeno 5 km, e 20 km massimo, è più utile se avete un indirizzo centrale.

I luoghi con la più grande varietà di WiFi pubblico, possono essere dominati da questo metodo, e meglio di tutto è che è un metodo legale, per realizzarlo si possono incontrare le seguenti antenne sul mercato:

- ## Antenna TP-Link TL-ANT2424B

Soddisfa le prestazioni di 2.4GHz 300Mbps 9dB, è una soluzione che nessuna rete può essere trascurata all'aperto, la sua applicazione può essere sviluppata centralmente, ed emette una funzione di connessione professionale, ma il suo design è semplice da capire, essendo una grande alternativa per le aziende così come le case.

- ## Ubiquiti LBE-M5-23 - 5 GHZ

LiteBeam M è basato su un dispositivo noto come airMAX, ha caratteristiche di leggerezza e un costo di opportunità, in cambio di una connettività ad alta gamma, grazie all'applicazione di un'antenna direzionale che diventa immune al rumore, in termini di fisica, consiste di 3 assi che sono facili da assemblare.

Questo strumento può essere perfettamente integrato nel palo, tutto grazie alla sua compattezza e facilità di applicazione, è una comodità per utilizzare questo tipo di potente antenna.

- ## Ubiquiti PowerBeam M 22dBi 5GHz 802.11n MIMO 2x2 TDMA

Ha un focus verso qualsiasi direzione di interesse, aiutano a bloccare qualsiasi tipo di interferenza, questa immunità è utile in aree o spazi dove diversi segnali concorrono che ostacolano la cattura delle reti, questo design impedisce la confusione tra la frequenza, come ha la tecnologia Ubiquitis Innerfeed.

Un aspetto positivo di questa antenna è che non ha alcun cavo, poiché l'alimentazione è creata per mezzo di una radio nel corno, e allo stesso tempo questa caratteristica aumenta le prestazioni, poiché non ci sono perdite di connessione a differenza dei cavi.

Attraverso questi prima è possibile ottenere quelle reti WiFi che sono aperte, in una questione di secondi e senza molto sforzo che la connessione si pone, è un investimento che può aprire le porte verso quella direzione.

Acrilico, Hack reti WiFi WEP e WPA

Il programma Acrylic compie il ruolo di essere un analizzatore di rete senza fili, ha un funzionamento diretto su Windows, ha una varietà di versioni che raggiungono lo scopo di trovare le password, tutto è generato sotto una modalità automatica attraverso la creazione di script che fornisce il programma.

Ogni script cerca di generare password, come sono programmati per farlo, e sono in grado di aggiungere informazioni su nuovi router, tutto è sviluppato sulla base delle falle di sicurezza che è in grado di scoprire, il suo utilizzo corrisponde naturalmente a una protezione sulle reti WiFi, ma allo stesso tempo è in grado di hackerarli.

Questo permette di visualizzare le opzioni di sicurezza promosse da quella rete WiFi, grazie allo sviluppo di un driver per catturare in modalità monitor, gli incidenti della rete WiFi, ogni modello di router è analizzato da questo strumento, la prima cosa è che rileva il nome della rete o SSID, oltre all'indirizzo MAC, e tipo di sicurezza.

Qualsiasi punto di accesso che viene scoperto da questo strumento, è dovuto ai difetti del router, essendo sfruttato dal programma che si occupa di calcolare automaticamente le password, e su questo si concentra il numero di script che ottengono una password generica, la precisione aumenta dopo ogni versione del programma.

Con i risultati forniti da questo tipo di programma, è possibile testare una per una le password, in questo modo è possibile verificare se rendono possibile la connessione alla rete WiFi, anche se il suo obiettivo è quello di proteggere la rete, in quella stessa efficacia è in grado di rilevare falle di sicurezza su altre reti WiFi.

Tra le versioni commerciali, Acrylic WiFi Professional è la più utilizzata, come gestione di Acrylic WiFi Home, in modo da poter esercitare l'analisi sulla rete WiFi, e un'altra alternativa è lo sniffer WiFi, dove viene visualizzato il traffico su una rete WiFi, ma ha anche dati di sicurezza per ottimizzare la rete.

Prima di qualsiasi download, potete controllare sul sito ufficiale di Acrylic WiFi, oltre a trovare la versione professionale di questo software, sono opzioni per voi per ottenere caratteristiche in modo più efficace, è meglio aprire il programma sotto il pulsante "continua prova" per iniziare il processo.

Una volta che avete premuto questa opzione, è il momento di selezionare la finestra "créate new", e poi "open existing" per caricare il progetto, è il momento di inserire i dati della rete WiFi, più la mappa della zona analizzata, senza dimenticare di calibrare la mappa, e nelle opzioni "plots", avete accesso a "access points" e "routes".

Tabelle arcobaleno come tecnica di cracking delle password

Negli ultimi anni, i metodi di hacking delle reti WiFi sono diventati più complicati, basati sulla struttura della password, poiché quando non è una predeterminata, la funzione dei programmi non è efficace, per questo motivo, nuove tecniche possono essere implementate in modo che lo svelamento della password possa essere materializzato.

La soluzione ai problemi delle password meglio strutturate, è quella di applicare un'azione mista, divisa tra il dizionario e la forza bruta, che è ciò di cui sono composte le tabelle Rainbow, in modo che le combinazioni di password possano nascere per mezzo di un algoritmo, questa operazione aiuta a confrontare la password da decifrare.

Questo tipo di tecnica, rilascia la pressione imposta sul carico computazionale, e aumenta la velocità di cracking, essendo un valore più alto degli altri, questo spinge a migliorare le capacità degli hardware destinati a questo tipo di compito.

Conoscere lo strumento KRACK per violare le reti WiFi

Il potenziale di trovare debolezze sulle reti WPA2, oltre il suo livello di sicurezza, l'azione di KRACK è molto utile, per questo è necessario scoprire le funzioni che questo strumento ha, essendo un metodo di hacking da prendere in considerazione, il suo attacco funziona su qualsiasi rete WPA2.

La vulnerabilità che è in grado di trovare questo programma, ha a che fare con il sistema WiFi stesso che viene colpito, direttamente come condizione del produttore, anche l'hacking di una rete WiFi può essere implementato dalla reinstallazione di chiave attraverso un dispositivo Android.

Questi percorsi aiutano a decifrare ognuno dei dati che l'utente trasmette, questo diventa molto approfondito su sistemi come Linux, e anche in Android 6.0 così come quelli successivi, in quanto affrontano un phishing o un ransomware, questo processo copre ampiamente 4 modi del protocollo di sicurezza WPA2.

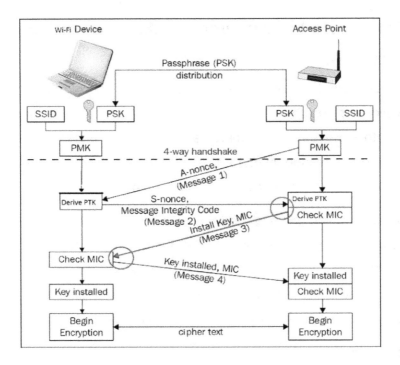

Il programma dietro questo acronimo è definito come "Key reinstallation attack", essendo uno dei modi più devastanti per eseguire l'hacking, perché oltre a studiare il traffico su una rete WiFi, è anche responsabile della falsificazione e distribuzione di pacchetti, facendolo essere efficace sul 41% degli utenti.

WiFite WiFi network cracker

Uno strumento come WiFit Wireless Auditor, ha preso il suo tempo per migliorare il suo design dal 2011, ma ha raggiunto la versione 2 (r85), è un contributo importante per testare per impattare qualsiasi tipo di rete WiFi, ha un design per Linux, oltre ad essere testato su BackBox, Pentoo, Blackbuntu, e anche Backtrack 5.

Un aspetto dubbio è che non ha supporto, tuttavia, è allettante misurare il suo potenziale, perché fornisce una funzione personalizzata che facilita l'automazione, non ha bisogno di molti argomenti o spiegazioni, diventa immediatamente un programma standard per eseguire l'auditing wireless.

Tuttavia, è necessario prendere in considerazione i requisiti di questo programma, che includono quanto segue:

1. Python 2.6.X o Python 2.7.X.
2. Patchato il driver wireless in modo che la modalità monitor sia generata, insieme all'iniezione, perché le distribuzioni di sicurezza hanno driver wireless pre-patched.
3. Fate installare la suite aircrack-ng 1.1.
4. Mantenete Reaver installato per il supporto, causando l'attacco alle reti WPA2, questo è reso possibile da WPS.

Dopo aver coperto ognuno di questi requisiti, il passo successivo è quello di scaricare e installare l'applicazione, per questo è necessario concedere i permessi che facilitano la sua esecuzione, questo si esprime attraverso il comando "chmod +x wifite.py", per eseguire l'applicazione, in caso di dubbio, è meglio accedere all'opzione "aiuto".

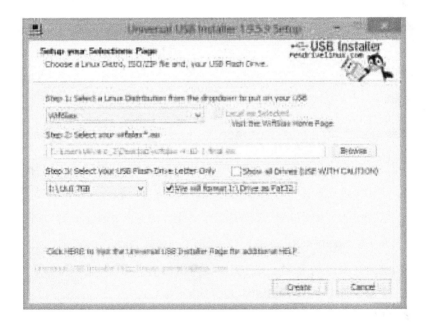

La cosa essenziale è che si può avere affinità per l'applicazione di filtri, e altre funzioni al momento della scansione, ma in termini generali il suo sviluppo è semplice, una volta avviato, è responsabile per la scansione di ciascuna delle reti automaticamente, fornisce informazioni sui canali disponibili, è una fase di attesa fino a quando finisce.

Durante il processo di scansione, è necessario premere CRTL+C, poi lo stesso programma richiede il numero di rete su cui si è interessati all'auditing, in questo modo le funzioni sono responsabili di fornire la chiave della rete WiFi, per questo motivo, è classificato come un programma che copre le aspettative di chiunque.

Sulle reti WPA2 che hanno il WPS abilitato, questo programma funziona alla grande, ma per il livello di sicurezza ha uno sviluppo lento, tuttavia è associato al file Reaver, come più versioni sono presentate, si ottiene una soluzione per qualsiasi piano di hacking.

Hacking delle reti WiFi usando Wifimosys

Gli strumenti per violare le reti WiFi stanno diventando più facili da usare, uno di loro è Wifimosys, è stato considerato come una sorta di Linset 2.0, è ideale per coloro che non hanno molte conoscenze in informatica, è un ottimo inizio per attaccare le reti WiFi, in quanto ha un'interfaccia ideale.

Lo scopo di questo strumento è lo stesso di Linset, infatti è derivato dall'installazione di Wifislax, e per questo è necessario eseguire i seguenti passaggi:

- Aprire Wifimosys, tramite Start/Wifislax/WPA/Wifimosys.

```
##############################################################
#                                                            #
#              WIFIMOSYS 0.22 by Absolut Vodker              #
#                   WIFI MOron' SYStem                       #
#                                                            #
#   Basado en LINSET de vk496 para seguridadwireless.net     #
#                                                            #
##############################################################


   Elige escaneo de canal(es):

   1) Todos los canales
   2) Canal(es) específico(s)
   3) Salir

   #>
```

- Avviare lo strumento che mette l'antenna WiFi in modalità monitor.

- Eseguire la scansione per trovare i canali che sono disponibili.

- Una volta trovate le reti WiFi, la prossima cosa da fare è
  premere CRTL+C.

```
                        LISTADO DE REDES

   Nº  MAC              CANAL  TIPO   PWR    NOMBRE DE LA RED

   1 *                    1    WPA2   63%
   2                      7    WPA2   73%
   3                      7    WPA2   0%     Nombre oculto
   4                     13    WPA2   106%   MiSO
   5                      9    WPA2   98%
   6 *                    9    WPA2   70%
   7 *                    9    WPA2   70%
   8                      9    WPA2   0%
   9                      9    WPA2   60%

      (*) En rojo: redes con posibles clientes activos

      Selecciona el nº de la red a atacar...
      (Para reescanear pulsa r Para salir pulsa x)

      #> 4
```

Dopo aver identificato quella rete, è il momento di sviluppare la funzione di cattura, basta premere invio per far andare il processo automaticamente, esercitando un attacco dove la password può essere conservata, completando così questa semplice azione, anche se è un processo lungo.

Jumpstart per hackerare le reti WiFi da Windows

Il funzionamento di applicazioni o programmi per hackerare reti WiFi da Windows, è un requisito per il gran numero di utenti che hanno questo sistema operativo, la soluzione è pensare a Jumpstart insieme a Dumpper, anche se il suo funzionamento non è del tutto preciso, è un grande aiuto per cercare di rompere la rete WiFi.

Per avere accesso all'uso di questo strumento, la prima cosa da fare è scaricarlo, ma prima è necessario decomprimere il Dumpper, in modo che l'accesso possa essere garantito, anche se il suo funzionamento si materializza solo quando c'è una vulnerabilità sul WPS, ma si può provare ad avviare lo strumento Dumpper.

Quindi il programma stesso trasmette le reti vicine, e ti permette di premere l'opzione per esporre il pin di quelle reti, devi solo salvare quelle che appaiono, a questo punto, l'aiuto di un'antenna esterna è notorio, quindi puoi eseguire il JumStart, per avviare la terza opzione di inserire il pin fron my Access point.

È necessario incollare un pin della connessione selezionata, è essenziale eseguire questo passo sotto un ordine clamoroso, poi nella zona inferiore è l'opzione Selezionare automaticamente la rete, questo è destilda e premere avanti, per continuare con la selezione della connessione, per vedere se il processo ha avuto successo, salvando i dati ottenuti.

A volte è necessario fare diversi tentativi, oltre ad alternare con diverse reti, è meglio usare ognuno dei pin, nel caso in cui non funzioni la prima volta, l'essenziale è provare finché non si connette.

Decifrare la chiave WiFi su un Mac

Un metodo compatibile con un sistema Mac, è il programma KISMAC, questo aiuta a realizzare l'hacking della rete WiFi, si basa su una funzione che ha una lunga storia, per questo è necessario installare il programma e poi eseguire le sue funzioni, poi quando è installato, si deve andare all'opzione preferenze, e poi premere su Driver.

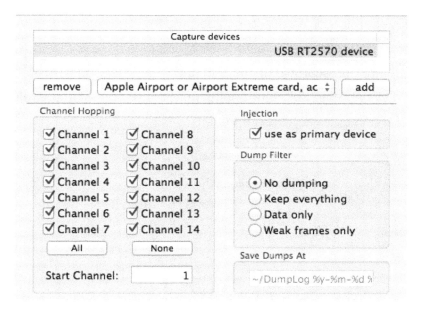

Poi è necessario selezionare il captatore, questo è responsabile per approfittare di qualche gap, e in "aggiungere", l'azione di un'antenna WiFi esterna è incluso, prima della selezione del canale, è meglio scegliere tutti, e poi chiudere la finestra delle preferenze, la prossima cosa è quella di eseguire la scansione di avvio, dove il super amministratore fornisce la chiave per la connessione.

Questo tipo di processo richiede molto più tempo, quindi è meglio lasciar gestire altre attività, poiché è necessario completare uno scambio di 150.000 pacchetti, essendo parte dello svelamento dell'HandShake, per trovare ed esporre le reti che non potevano essere trovate.

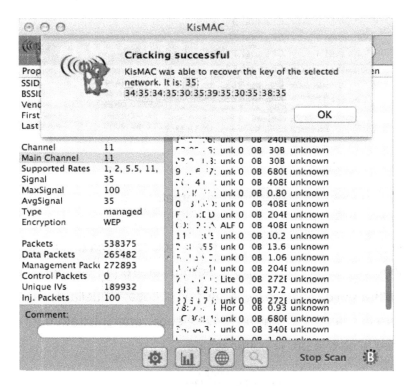

Una volta che l'Handshake viene scoperto, il dizionario WPA viene caricato, quando viene individuato il programma stesso è responsabile dell'esecuzione dell'attacco, questo strumento è semplice ed efficace da utilizzare come un modo per violare le reti WiFi, è un'opportunità per un Mac di effettuare questo processo.

Strumenti avanzati per l'auditing delle reti WiFi

Attualmente ci sono diversi strumenti per eseguire un'ispezione sulle reti WiFi, tali sistemi sono utilizzati per svelare le chiavi, come è stato ribadito, queste funzioni sono disponibili a chiunque con solo una pre-installazione, così come l'accesso da diversi sistemi.

Uno degli strumenti più utilizzati per rompere le reti WiFi, è lo scanner di rete WiFi, è un'applicazione che è disponibile sia per Android che per iOS, così come l'uso su computer può essere più comodo per la maggior parte, la semplicità di questa installazione apre tutte le porte per pensare a questa alternativa.

Ogni access point nelle vicinanze sarà rilevato, il che significa che puoi avere dati, potenza del segnale, crittografia e l'indirizzo MAC dell'AP, quel tipo di vantaggio rispetto ai protocolli di sicurezza deboli come WEP, e lo stesso vale per WPA.

Nel caso di utilizzare sistemi operativi come Windows, la scelta migliore come scanner è Acrylic WiFi, è una modalità professionale per effettuare la creazione di script, questo uno dei vari strumenti che si estendono a un uso mobile, tutto dipende dal modo che è più pratico.

Le informazioni fornite dallo scanner sono ciò che aiuta a violare qualche rete, nel caso in cui si vogliano eseguire questi passaggi da dispositivi Android, la risposta si trova in WiFi Analyzer, essendo una grande soluzione perché ha una modalità libera, essendo utile per l'accesso alla banda 2.4 GHz e anche 5 GHz.

Per un uso attraverso dispositivi iOS, è possibile scaricare Network Analyzer Pro, anche se non è un'opzione gratuita, ma questo significa che fornisce funzioni avanzate, segna una grande distinzione a differenza di alcune app Android.

Tra gli strumenti più importanti per penetrare le reti WiFi ci sono i seguenti:

- **WirelessKeyView:** rappresenta uno strumento che ha un livello positivo di utilità, è gratuito e si occupa di ricreare un elenco di chiavi WEP, WPA2 e WPA, utilizzando ogni dato che è memorizzato dal computer.

- **Aircrack-ng:** Questa è una suite che è dotata di applicazioni open source, ognuna è progettata per hackerare le chiavi WEP e WPA/WPA2, è compatibile con qualsiasi tipo di sistema e le sue funzioni sono estese.

Oltre a questi strumenti, ci sono i Wi-Fi Sniffers, essendo un metodo molto più efficace per conservare le informazioni sugli AP, conservando i pacchetti che vengono condivisi sulla rete, questi dati di traffico possono essere importati sugli strumenti di cui sopra.

Decifra le password WiFi memorizzate sul tuo cellulare

Inserire certe password di rete WiFi sul cellulare, può portare inconvenienti in futuro come dimenticarle, o voler tornare in quel luogo e avere la password per inserirla su un altro tipo di dispositivo, in questo scenario, è possibile decifrare la chiave, sia dispositivi Android che Apple.

Ogni dispositivo immagazzina una quantità infinita di dati, in mezzo alle informazioni ci sono gli accessi alla rete WiFi, poiché quel tipo di memorizzazione è ciò che permette loro di connettersi automaticamente, aumentando così le possibilità di recuperare quel tipo di dati per sviluppare un processo specifico per quella missione.

- **Per i dispositivi mobili Android non radicati**

Uno dei vantaggi dei moderni sistemi Android come; Android 10 o Android 11, è molto più facile visualizzare le chiavi, senza alcun bisogno di root, per fare questo accade, basta condividere la rete attraverso il codice QR, in questo modo le informazioni sono compresse attraverso questo modo, dove è anche la password.

Attraverso questo modo, il sistema stesso genera un codice QR, permettendo da un altro dispositivo può essere scansionato, per questo è possibile utilizzare applicazioni progettate per questa funzione, su diversi dispositivi non hanno bisogno di scaricare nulla perché il sistema stesso include, essendo parte di marche come Xiaomi, Samsung e altri.

La creazione del codice QR viene effettuata attraverso un semplice processo come segue:

1. Inserire le impostazioni del telefono cellulare.
2. Naviga verso le connessioni WiFi, e trova la rete che vuoi recuperare o conoscere di nuovo la sua password.
3. Nelle opzioni che vengono visualizzate su quella rete, si deve cercare il simbolo del codice QR, quando si clicca su di esso, si crea un'immagine con il codice.
4. L'immagine trasmessa o generata, deve essere catturata per salvare il codice QR, in mezzo a quelle informazioni è incluso il nome della rete WiFi, noto come SSID, oltre ad essere la password che è proprio quello che stai cercando.
5. Se non si dispone di un dispositivo mobile che non consente di generare il codice QR, è possibile effettuare la cattura attraverso Google Lens, questo strumento si apre premendo l'assistente Google, e in un quadrato con un punto, la cattura del codice QR è incorporato nella galleria.

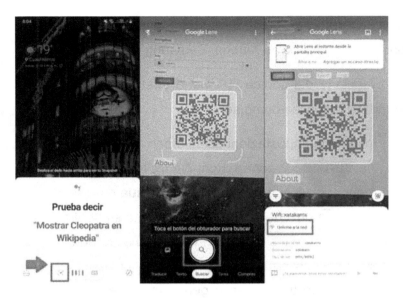

Questo completa un metodo molto semplice, rispetto a quello che comporta il rooting di un telefono cellulare, perché ogni condizione del telefono cellulare fa crescere le condizioni o i processi per trovare la password.

- ## Decifrare le chiavi WiFi attraverso i cellulari radicati

Ogni telefono Android memorizza ciascuna delle chiavi di rete WiFi per impostazione predefinita, in modo da poter avere accesso a questi dati convenientemente, non c'è bisogno di scrivere i dati nel caso in cui si perdano, quindi è essenziale per ottenere questo tipo di informazioni attraverso il dispositivo radicato.

Avere un cellulare radicato, significa che si può avere accesso a ogni record, questo include la questione delle password, questo non è facile, perché compromette la sicurezza del dispositivo mobile, ma è una gestione completa del cellulare, che consente di utilizzare diverse applicazioni che sono compatibili con quella condizione, come ad esempio i seguenti:

1. **Recupero chiavi WiFi**

Questa applicazione implementa un metodo semplice come il precedente, si ha accesso alle reti salvate, per trovare quelle opzioni dove si è mai collegato, quindi basta selezionare la rete che è di interesse, quindi è possibile fare clic sull'opzione per condividere la chiave, creando il codice QR o inviarlo a un amico.

- **Scoprire le chiavi di rete WiFi con root e file explorer**

Prima che un dispositivo che ha accesso root, apre anche la possibilità di recuperare la password WiFi attraverso l'esploratore di file, questo di solito può essere una lettura di Root Browser, perché deve essere concesso i permessi di root per essere in grado di esplorare ciascuno dei file.

La ricerca dei file dove si trovano le chiavi deve essere effettuata per mezzo del comando data/misc/wifi, fino a trovare il file wpa.supplicant.conf. esso deve essere aperto attraverso un editor di testo, poi deve essere eseguito per osservare le reti WiFi insieme alle password, individuando tutta quella storia di connessione del passato.

• Ricerca dei tasti tramite iOS

Osservare le password che si trovano nei sistemi iOS è possibile, anche se scoprire queste reti WiFi può essere più complicato rispetto ad Android, per questo è necessario avere un macOS, oltre ad avere l'iPhone sincronizzato direttamente in iCloud.

Prima di tutto, è essenziale che iCloud sia attivato, per questo si deve entrare nelle impostazioni, poi nell'ID Apple, fino a trovare il portachiavi di iCloud, in questo modo si può controllare che tutto sia attivato, anche se questo raggiungimento dei passi dipende dal tipo di versione di iOS con cui si effettua il processo.

Una volta che iCloud è attivato, è il momento di tornare alle impostazioni, in quel settore si può prendere in considerazione l'opzione "condivisione internet", ora il processo è diretto verso il Mac, per effettuare l'azione di recupero per mezzo di questi passaggi:

1. Collegare il computer Mac all'hotspot, questo viene fatto tramite l'iPhone e le opzioni del menu WiFi.

2. Mentre la sincronizzazione viene generata, ognuna delle password memorizzate sull'iPhone, inizia a collegarsi al computer Mac.

3. Una volta che sei sul tuo computer Mac, è il momento di aprire l'applicazione portachiavi.

4. Dovete andare all'opzione "sistema", che si trova nella parte superiore sinistra della finestra.

5. È il momento di cliccare sull'opzione "password", che si trova sul lato sinistro dello schermo.

6. Selezionando l'opzione di cui sopra, si vede ciascuna delle reti che si sono collegate all'iPhone, poi si può scegliere la rete che si vuole scoprire o sondare.

7. Poi, clicca sull'opzione "mostra la password".

8. Immediatamente il programma richiede il nome utente e la password, questo vi permette di agire come amministratore, fino a quando la password che state cercando è rilasciata.

Alternative per hackerare le reti WiFi

Il controllo o la vulnerabilità delle reti WiFi, è sviluppato sotto una grande varietà di programmi progettati per tale scopo, uno dei più popolari con un gran numero di download oggi sono i seguenti:

- ## Tester WiFi WPS WPA

È uno strumento di hacking molto implementato e semplice per Android, la sua idea originale è il recupero delle chiavi perse delle reti WiFi, il suo utilizzo si basa sull'implementazione di un dizionario per trovare il tipo di chiave compatibile con quella rete, non è un algoritmo direttamente attaccato da questioni legali.

Il funzionamento si basa sulle informazioni di default dei produttori di router, tale configurazione viene sfruttata al massimo, testando o utilizzando i 13 tentativi di trovare la password della rete WiFi, con l'applicazione delle informazioni o dei dati di questi modelli popolari.

- **Caino e Abele**

Questo modo è indispensabile quando si tratta di hacking, è conosciuto in breve come Cain, ha un grande potere di essere utilizzato su Windows, è specializzato nel caricamento di pacchetti per eseguire una ricerca profonda, facendolo anche essere in grado di rompere, utilizzando diversi hash di password.

Si utilizzano tecniche di sniffing, senza tralasciare l'azione di crittoanalisi, è un accompagnamento alla forza bruta così come gli attacchi a dizionario, lo strumento rompe una capacità di catturare e ottenere le password da reti WiFi, studiando i protocolli che sono in trasferimento.

È inimmaginabile quanti dati possono essere conservati quando questo strumento è in esecuzione, successivamente quando si usa Cain, chiunque trova punti deboli sulla sicurezza della rete WiFi, ogni aspetto è esposto dallo strumento, in linea di principio con un orientamento informativo, e può essere utilizzato come un suggerimento per l'hacking.

- **Kismet**

È uno strumento di cattura dei pacchetti, si basa su un meccanismo di hacking, manifesta la capacità di analizzare tutti i tipi di aspetto sulla rete, la sua implementazione principale è stata notata sugli intrusi che vagano su quel tipo di connessione, ogni funzione va di pari passo con la scheda WiFi.

La modalità rfmon supporta il monitoraggio su qualsiasi rete, non importa se sono nascoste, poiché evidenzia i protocolli di rete wireless: 802.11a, 802.11b, 802.11g e anche 802.11n, la sua disponibilità è su sistemi operativi come Linux, Windows e BSD, quindi può essere eseguito.

• Airsnort

L'azione sulle reti WiFi criptate, è una realtà attraverso questo strumento, il suo intervento è passivo, viene lanciato sulle connessioni WiFi, per catturare i pacchetti per ottenere la chiave di crittografia della rete in pochi secondi, queste caratteristiche sono simili a quelle di Aircrack.

La differenza di questo strumento con il resto, si basa sulla sua interfaccia, perché la gestione di esso è più aperta per qualsiasi utente, quindi non c'è nessun problema a prendere più controllo sul programma, il download è gratuito e disponibile per Windows e Linux.

• NetStumbler

Rappresenta un'alternativa ideale per Windows, lo scopo è che questa applicazione può rilevare un punto di accesso, è anche progettata per eseguire funzioni molto più avanzate sulle reti che sono mal configurate, nel mezzo di una rete sono una varietà di opzioni.

La versione di questo strumento è gratuita, e ha anche una modalità minimalista come MiniStumbler, questo è incorporato come una utility per qualsiasi tipo di utente di Windows.

- ## Airjack

Prima di qualsiasi desiderio di andare oltre l'azione di hacking, questo strumento è una grande risposta per fare quel passo, la sua funzione è l'iniezione di pacchetti su qualsiasi tipo di rete, estraendo così i dati, cercando che queste vulnerabilità possono essere sfruttate al massimo, generando accesso alle risorse di rete.

La gestione di questo tipo di strumento è eccezionale, anche se inizialmente è per misurare la sicurezza di una rete WiFi, rispondendo all'iniezione di falsi pacchetti, è un download necessario per questo tipo di scopo.

- ## inSSIDer

Ogni dettaglio di una rete WiFi può essere esposto grazie a questo strumento, non si tratta solo di funzioni di hacking, ma manifesta uno scanner completo per agire sulla rete wireless nel modo appropriato o desiderato, il suo design soddisfa una varietà di compiti, come accentuare i punti di accesso di ogni rete WiFi.

D'altra parte, il segnale è sottoposto a monitoraggio, in modo che ogni registrazione sia raccolta per tenere traccia dei dati dalla scheda wireless, essendo una delle funzioni più importanti di questo sistema.

- ## CowPatty

È un'opzione disponibile per i sistemi Linux, è disponibile per effettuare controlli sulla sicurezza della rete WiFi, questo è uno dei più utilizzati per questo scopo, la sua esecuzione o azione si basa su una serie di comandi, che gestisce l'uso di dizionari oltre alla forza bruta per violare tutti i tipi di sicurezza.

Quando si tratta di sistemi di sicurezza della rete WiFi, la cosa più usuale è che ha risultati positivi sui sistemi WEP e WPA, quindi è possibile scaricare questo strumento per sfruttare questi aspetti.

- **Wepttack**

L'uso di questi strumenti non si ferma per Linux, infatti è dove sono più efficaci, che è il caso di questa applicazione, è usato per avere un dominio esclusivo su questo ecosistema, anche se la sua azione è solo specializzata sulla crittografia WEP, utilizzando questo tipo di attacchi tramite dizionario.

L'utilità centrale di questo programma è di tenere traccia della sicurezza, causando la password può essere ottenuta sullo studio di queste reti, il suo scopo è quello di essere una grande risposta a qualche dimenticanza di questo tipo, è un programma completo in ogni modo, ma utile anche per scopi di hacking.

Come decifrare le password delle reti WiFi secondo le aziende

Uno degli aspetti chiave o facili che possono essere sfruttati per hackerare le reti WiFi è l'azienda, cioè l'operatore internet è noto come una variabile di vulnerabilità che può essere studiata in profondità per eseguire l'attacco, inoltre a seconda del tipo di azienda il processo cambia, quindi conoscere uno per uno è utile.

- **Decodificare le chiavi Jazztel WiFi**

La figura di un router Jazztel, è un'utilità tecnologica che richiede la massima attenzione, poiché ha un ampio livello di vulnerabilità, se la password predefinita incorporata non cambia, significa solo che molti attacchi stanno per nascere, perché chiunque può essere in grado di attaccare quella sicurezza.

Per controllare e approfittare di qualsiasi opportunità, basta scaricare Router Keygen, poi tutto quello che dovete fare è avviare le sue funzioni, quindi il processo richiede più di 2 secondi, anche se avete cambiato la password di rete, è possibile utilizzare sistemi di auditing come WifiSlax o Wifiway.

Questo tipo di connessione non fornisce alcun tipo di garanzia, la decrittazione della chiave viene effettuata rapidamente, a questo aggiunge anche che sono per lo più reti che non hanno crittografia WPA2, cioè i sistemi di audit funzionano efficacemente quando non è impostata alcuna password.

Per eseguire qualche tipo di attacco, è meglio che ogni utente cerchi di stabilire una chiave complessa, perché quando impongono combinazioni tra maiuscole, minuscole e simboli, è molto difficile decifrare le chiavi.

• Scoprire le password della società ONO

ONO reti, può essere un obiettivo per l'hacking, è meglio optare per sistemi come Wifislax, come ha un ampio margine di successo, questo aiuta qualsiasi tipo di vulnerabilità è sfruttato al massimo, anche se attraverso Android c'è anche la possibilità di effettuare un hack.

Con l'applicazione Android ONO4XX FREE, è possibile attaccare una rete WiFi, è necessario solo un download per eseguire questo passaggio, anche se non è un'opzione potente come Wifislax, perché la modalità Android decripta solo le chiavi del router ONO che sono vecchi, o quelli che hanno chiavi WEP o WAP, fino al predefinito.

Per riconoscere che si tratta della compagnia ONO, bisogna identificare l'SSID, questo di solito ha una nomenclatura come la seguente:

1. ONOXXXXXXXX
2. ONOXXXX
3. ONOXAXA

Questo tipo di studio è utile, dove l'app ONO4XX FREE è responsabile per sfruttare le chiavi del router ONO, che hanno il SSID ONOXXXXXX, cioè non possedere lettere ma questa descrizione, perché significa che hanno una vecchia sicurezza, che ha anche un effetto clamoroso il tipo di MAC, come è richiesto che inizia con:

1. E0:91:53
2. 00:01:38

Ma quando la rete non supporta questi dettagli, si può ancora provare a violare la sicurezza della rete WiFi, perché il router ONO ha grande debolezza all'azione di Wifislax, perché l'algoritmo che ha la password ONO, è stato trapelato sulla maggior parte dei disegni di hacking.

ONO è considerato come uno degli operatori sicuri, ma lascia alcuni criteri di sicurezza nelle mani delle intenzioni di attacco, anche se questa azienda è attualmente sopra Vodafone, i loro router Netgear forniscono prestazioni accettabili, ma senza la configurazione di base, sono ancora reti facili da attaccare.

- **Decifrare le password della rete Movistar WiFi**

router WiFi Movistar sono classificati come uno dei più facili da hackerare, e il suo SSID è molto accessibile per verificare, e nella maggior parte delle città è un servizio comune, a questo si aggiunge una lunga lista di applicazioni Android che consentono la decodifica delle chiavi di tali reti.

Movistar come uno degli operatori di prendere in considerazione, l'opportunità di hacking si basa sulla configurazione seriale dei loro router, perché quando il WPS è abilitato complica tutto, quindi l'uso dell'applicazione Androdumpper, così come il programma Wifislax ha un risultato ottimale per mantenere la password desiderata.

È molto veloce per scoprire la chiave della rete WiFi, perché più tempo ci vuole per disattivare il WPS, maggiori sono le possibilità di accedere a questa rete WiFi, soprattutto se non si impostano chiavi molto dense.

- ## Decifrare le password della rete WiFi Vodafone

In un arco di tempo che va dal 2014 al 2015, le reti WiFi Vodafone non sono state un ostacolo per qualsiasi scopo di hacking, in quanto le informazioni sono state completamente trapelate, facendo sì che l'algoritmo che utilizza sia noto all'intera comunità online, quindi qualsiasi utente che possiede un router prima del 2015, è un rischio clamoroso.

In qualsiasi luogo dove c'è una chiave predefinita, è facile esercitare un hacking di rete WiFi, la vulnerabilità è un fattore che non può essere trascurato, poiché programmi come Router Keygen ha l'algoritmo di questa società, anche se con i router che sono nuovi diventa complicato il processo di hacking.

Il modo migliore per crackare una rete WiFi di questa azienda, è attraverso lo strumento Kali Linux, insieme alla sua applicazione "WifiPhisher", essendo un metodo avanzato di hacking, attraverso questi metodi vengono gestiti una varietà di attacchi, l'azione di WifiPhisher si basa sulla creazione di un falso punto di accesso.

Poiché l'azione del router Vodafone può essere bloccata, in modo che l'utente possa rilasciare la sua password, la calce viene decifrata per uno scopo maligno, quel tipo di ottenimento è parte del potere di WifiPhisher che acquisisce la nuova password, per loro i pop-up sono un'esca per raggiungere quella password.

Tale metodo funziona con un livello impressionante di efficacia su un altro tipo di rete, poiché Vodafone non è l'unica azienda a rischio di essere violata dai dati trapelati.

- **Ottenere chiavi di rete WiFi con Orange**

Per coloro che cercano di decodificare una chiave Orange WiFi, hanno un sacco di opportunità per effettuare questa procedura, uno dei più importanti è attraverso l'applicazione Android PulWifi, si basa su un semplice meccanismo che permette di osservare in verde le reti che sono vulnerabili.

Nel mezzo dell'analisi di questa applicazione, in colore rosso sono quelli che non sono possibili da hackerare, questo è dovuto al fatto che questa applicazione ha il design caricato con l'algoritmo delle reti Orange WiFi, quindi domina la maggior parte delle chiavi che hanno i router Orange WiFi di default.

D'altra parte, al fine di violare le reti WiFi, è possibile eseguire lo strumento WirelessCracker, in quanto ha un funzionamento simile a Pulwifi, è solo necessario sfruttare il riconoscimento SSID, per sfruttare la debolezza di ogni azienda, nel caso di Orange c'è quella percentuale vulnerabile.

Preferibilmente, l'uso di Pulwifi ha risultati migliori, perché dà notifiche quando c'è la possibilità di una violazione, poiché si concentra su una rete WiFi che può decodificare efficacemente, per mezzo delle informazioni delle password Orange WiFi che ha memorizzato.

- # Decodificare le reti WiFi di proprietà di Claro

In mezzo alle reti WiFi che fanno parte di Claro, la via d'uscita più efficace è quella di utilizzare Turbo WiFi, soprattutto come strumento utile al gran numero di paesi in cui opera Claro, dato il gran numero di aree Claro, questa è una soluzione chiave, d'altra parte è possibile incorporare il funzionamento di Wifi Unlocker come un grande strumento per esso.

Tra i tentativi di hacking, l'azione di un APK può essere aggiunta, migliori strategie sono incorporate, migliori risultati sono presentati, perché la stessa rete WiFi riceve attacchi da diversi fronti.

Il modo migliore per violare le reti WiFi, passo dopo passo

Nei vari metodi che esistono per hackerare le reti WiFi, ognuno ha la sua facilità o complicazione, tutto dipende dalla conoscenza di base dell'utente, ma la cosa importante è riconoscere che ogni modo, è un fallimento o negligenza della sicurezza della connessione stessa.

I passi iniziali per hackerare una rete WiFi in generale, e basati sul programma Wifislax, sono i seguenti:

1. Prima di tutto, dovete avere il download del sistema Wifislax, la sua funzione è quella di controllare le reti di computer, ed è molto utile per ottenere dati di questa natura.

2. Una volta scaricato Wifslax, è il momento di trasferirlo su una chiavetta USB, utilizzando un programma speciale che permette di convertire quella memoria in un sistema avviabile.
3. Collegate la chiavetta USB al computer, poi accendete il computer, per avviare il boot con Wifislax, senza causare alcun danno.

4. Una volta che si avvia Wifislax, c'è la possibilità di entrare nella rete WiFi utilizzando questi strumenti di controllo.

Affinché questa procedura si svolga in modo efficiente, è importante avere un computer, anche se questi passaggi non sono adatti a un Apple Mac, ma il requisito ripetuto che si impone come requisito è la scheda WiFi, cercando che sia compatibile con le funzioni di controllo.

La raccomandazione di avere coperto questo requisito, è quello di avere l'adattatore USB WiFi Alfa Network, si basa su un adattatore che funziona attraverso un chip, aiutando gli strumenti di hacking sono pienamente utilizzati, la prima cosa è quella di testare il chip sul computer.

D'altra parte, il ruolo dell'unità flash USB è importante, poiché quella capacità di 8 GB come raccomandazione, è quella che conterrà il sistema, causando ciascuno degli strumenti di controllo che sono la chiave per l'hacking sono installati, per i migliori risultati è possibile implementare un'antenna WiFi di grande capacità.

Questi passi iniziali sono quelli che permettono di realizzare qualsiasi piano di hacking, e la disponibilità di Wifislax può essere di 32 o 64 bit, per convertire la pendrive in un sistema avviabile, è meglio usare il programma UnetBootIn, dove viene aggiunta la ISO, ma una volta che il programma è installato, ciò che rimane è utilizzare i suoi strumenti.

Avviare il programma, permette di trovare tutte le opzioni disponibili, dove lo stesso avvio di Windows ma con un tema Linux, basta cliccare su "run command", poi è il momento di inserire il comando "geminis auditor", questo è uno strumento che aiuta a scansionare ogni rete WiFi disponibile a portata di mano.

Le reti che sono emesse in verde, sono accessibili per l'hacking, per attaccarlo, è necessario fare clic sull'opzione per attaccare l'obiettivo, lo stesso strumento fornisce due opzioni, è possibile eseguire entrambi per generare l'emissione della password della rete WiFi, il percorso per questo è "opt/GeminisAuditor".

Questo comando è responsabile della creazione di un file con tutte le password che sono state decifrate, per farne uso, è necessario aprire un file dal browser, un altro tipo di strumento che fornisce il programma è Linset essendo un'altra delle funzioni di questo programma completo, che può essere completamente esplorato.

Kali Linux: l'hacking più efficace delle reti

Quando si citano i metodi per hackerare le reti WiFi, è impossibile lasciare da parte un intero sistema operativo progettato per questa funzione, quindi è una delle opzioni più popolari, ha anche diversi modi di installazione, può essere sul computer e nel mezzo del disco di avvio.

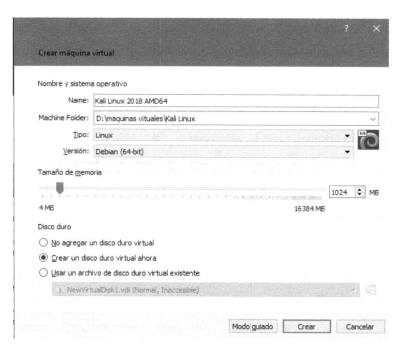

Questo tipo di risposta o misura, che può essere eseguita su un computer, noto come VMWare, Virtual Box e altre opzioni, memorizza un'importante varietà di strumenti di computer forensi, tra i quali spiccano Kismet e Aircrack-ng, permettendo il pentesting nelle reti WiFi.

Questo tipo di sistema ha una modalità gratuita, il suo supporto web è davvero positivo da prendere in considerazione, e online circola una varietà importante di contenuti per iniziare a lavorare con questo strumento da zero, si distingue per includere i seguenti strumenti:

- **Reaver:** è un'azione che permette di hackerare qualsiasi rete attraverso il WPS, soprattutto quando si utilizza il PIN abilitato, essendo efficace su quelle reti che mantengono il WPS attivo.

- **Wi-FI Honey:** è uno strumento che ha la forma di un nido d'ape, causando l'effetto di attirare gli utenti, come vogliono connettersi a questo punto di accesso, questi dati vengono acquisiti attraverso l'attuazione di falsi AP, è una cattura di questo tipo di traffico.

- **FreeRadius-WPE: si** occupa di eseguire attacchi man-in-the-middle, essendo ideale per l'autenticazione 802.1 come uno degli obiettivi.

Impara a craccare le reti WiFi con Aircrack-ng

L'uso di aircrack-ng dovrebbe essere spiegato perché è uno dei migliori strumenti, ha una grande funzione o prestazioni per hackerare le reti WiFi, anche se per questo è necessario avere una scheda wireless, senza tralasciare di avere la distribuzione di Kali Linux, per rispettare questi aspetti, è essere pronti a eseguire le seguenti azioni:

1. Preparazione dell'adattatore

È una fase di verifica su Kali, è l'identificazione dell'adattatore, questo è possibile attraverso il terminale, dove si esegue il comando: airmon-ng, poi è il momento di disabilitare qualsiasi processo che interviene, per questo è necessario inserire questo comando: airmong-ng check kill.

In seguito, si attiva il monitoraggio, per mezzo del comando: airmon-ng start wlan0, per questo si deve aver identificato il nome dell'interfaccia, in modo che il airodump-ng possa essere avviato, in questo modo si studia ogni connessione.

2. Trovare una rete WiFi mirata

Quando hai la lista degli access point vicini, puoi implementare la funzione di decrittazione della password di quello selezionato, per questo è importante scrivere il BSSID e il CH, poi è il momento di premere i tasti Crtl+C, eseguendo così il comando airodump-ng -c 6 -bssid 02: 08: 22: 7E: B7: 6F -write (network name).

3. **Emettere un attacco deauth**

È il momento di aprire un terminale, in modo che l'attacco deauth sia generato, in questo modo ogni utente sarà disconnesso da quella rete, questo crea uno scenario ideale per ottenere l'handshake, una volta ottenuto, premere di nuovo Crtl+C.

4. **Decifrare le password WiFi usando la forza bruta**

Questa fase è dedicata a svelare la chiave con l'aiuto di aircrack-ng, questo dovrebbe fargli restituire il risultato KeyFound, tutto dipende dalla complessità della chiave.

Il modo più veloce per violare le reti WiFi

L'hacking delle reti WiFi può essere eseguito in modo semplice, quindi lo strumento principale di trucco da tenere a mente è il programma WiFi Hack 2021 All In One, è stato considerato il modo più efficace per violare la sicurezza di questa connessione, essendo un programma compatibile con Windows, MAC e Linux.

Questo tipo di utilità può essere utilizzato attraverso Android e iPhone, attraverso un download che non è completamente gratuito, questo perché non è un processo semplice, e ha risultati reali, quindi è una soluzione rapida, efficace ma non economica per alcuni utenti che cercano un modo gratuito.

NetSpot per violare le reti WiFi vulnerabili

L'analisi per hackerare una rete WiFi, può essere effettuata con NetSpot, poiché la sua specialità è basata sulla concentrazione su quel tipo di rete che ha un livello di sicurezza inferiore, cioè tutta l'attenzione è su quelli che sono protetti e classificati come WEP, essendo una grande differenza di resistenza basata su WPA o WPA2.

Trovare reti che sono protetti da WEP, fa sì che avete nelle vostre mani una facile alternativa per hackerare, perché basta installare il software appropriato, lasciarlo agire, e in breve tempo la rete WiFi è decifrata, l'azione di NetSpot è importante perché applica una scoperta come metodo di analisi.

Tra i rapporti forniti da questo strumento, presenta tutti i dettagli relativi alle reti WiFi adiacenti, è una grande struttura per vedere ciascuno dei nomi e ID delle reti che circondano i vostri dispositivi, anche determinare il livello del segnale, i canali che trasmettono i dati e la sicurezza pure.

Quando si evidenzia qualche rete che possiede come sicurezza WEP, è il momento di dimostrare la conoscenza con l'hacking di questo tipo di rete, la ricerca di questo tipo di rete è stata facilitata da questo strumento, che funziona allo stesso tempo per aiutare a proteggere qualche rete, valutando i requisiti di sicurezza.

Come decifrare la password di default del tuo router

L'importanza del router si basa sul fatto che è la fonte delle connessioni stesse, queste sono esposte a diversi tipi di malware che cercano di sfruttare le password deboli, questo è dovuto in parte agli utenti che non entrano il router, cioè il suo sito web, per cambiare la password fornita di default.

La sicurezza di una connessione dipende da questo passo, la prima cosa da prendere in considerazione è l'indirizzo IP, poiché questo è diverso per ogni router, ed è ciò che permette di entrare nell'interfaccia di amministrazione dello stesso, che l'indirizzo IP è sullo stesso router posto su un'etichetta.

Ma, questo tipo di indirizzo IP, può essere trovato attraverso siti come routeripaddress.com, essendo una fonte di informazioni su alcuni indirizzi IP del router, quindi con pochi click, si ha accesso a quel tipo di informazioni, il miglior esempio viene dopo il router Linksys, che ha un indirizzo comune di 192.168.1.1.

Nel caso del router Belkin, il suo indirizzo è noto come 192.168.2.2. in questo modo è possibile entrare nelle opzioni di amministrazione di esso, gli indirizzi comuni sono:

- -10.0.0.1

- -10.0.1.1

- -192.168.2.1

- -192.168.11.1

- -192.168.0.1

- -192.168.0.227

Identificando il produttore del router, è possibile arrivare al fondo delle configurazioni, essendo vantaggioso per sfruttare tali vulnerabilità, allo stesso modo alcuni strumenti menzionati, permettono di scoprire questi dati, che sono importanti per approfittare della disattenzione.

La password per accedere alla configurazione del router, per impostazione predefinita è di solito "admin", si può anche controllare attraverso Google, per trovare il nome di login, e la password di default per il modello e il produttore del router, in questo modo si ottengono più informazioni per rompere la configurazione.

I bug disponibili dietro i router

Nessun tipo di router è immune da vulnerabilità, perché a livello di hardware e software, soprattutto quando non hanno un sistema di aggiornamento attivo, sono comunque vulnerabili e mettono a rischio l'intera rete WiFi. Più di 127 router domestici hanno difetti di sicurezza, causando risultati spiacevoli.

per determinare la vulnerabilità di un router, è necessario prendere in considerazione alcuni dettagli, il primo è la data del suo lancio, per rilevare il tipo di firmware che ha quel modello, a questo si aggiunge il tempo che ha la versione del sistema operativo utilizzato, d'altra parte, sono le tecniche che ha il router per mitigare l'inganno.

Nel mercato, da statistiche e studio, è stato determinato che 46 di loro, non hanno aggiornamenti negli ultimi anni, causando una grande debolezza agli attacchi di tutti i tipi, senza lasciare da parte i modelli che rilasciano aggiornamenti senza patch di vulnerabilità note, quindi è un grande margine di opzione hackeble.

Le migliori marche che soddisfano questi criteri sono ASUS e Netgear, d'altra parte D-Link, TP-Link, Zyxel e Linksys, questo perché le prime due marche, hanno 13 chiavi private accessibili, questo significa che nessun attaccante può averle, d'altra parte se la chiave è nel firmware, la chiave è presente su questi modelli.

Più del 90% dei router utilizzano il sistema Linux, e questo tipo di sistema non è costantemente aggiornato, solo il 5% di loro ha un supporto di aggiornamento fino al 2022, ma quando si tratta di evitare di comprare un router, Linksys WRT54GL si distingue, in quanto è uno dei più vulnerabili sul mercato.

La debolezza del suddetto modello, è che il suo design corrisponde al 2002, e alcuni utenti lo mantengono o addirittura lo acquistano per il suo basso costo, quindi utilizzare un vecchio router è un pericolo significativo, quindi, conoscendo la marca del router, si può già determinare in anticipo la difficoltà di hacking.

Suggerimenti e requisiti per l'hacking delle reti WiFi

Dedicarsi all'hacking di una rete WiFi è senza dubbio un'azione che richiede tempo, ma affinché non sia uno sforzo sprecato, è possibile seguire le seguenti raccomandazioni per realizzare un processo efficace:

- ## Controlla la capacità della tua attrezzatura

È vitale prendere in considerazione il tipo di meccanismi che avete per utilizzare uno strumento di hacking, dal momento che avere una scheda WiFi, conta come un requisito chiave, in modo che sia un processo con risultati migliori, nel caso in cui non lo avete, quello che si può fare è avere una scheda collegata via USB.

D'altra parte, oltre alla scheda WiFi, si aggiunge la funzione di antenna WiFi per ampliare le possibilità, con un segnale migliore c'è una maggiore probabilità di trovare un'apertura, o che il processo sia generato con successo, senza lasciare da parte le prestazioni del computer o del dispositivo, così si può effettuare l'hacking senza problemi.

- ## La preferenza persiste su Linux

Anche se ci sono programmi e strumenti per Windows che permettono di hackerare le reti WiFi, il più consigliato è quello di utilizzare Linux, non è necessario cambiare il sistema operativo, ma è possibile creare un CD avviabile sul computer, per utilizzare lo strumento da un aspetto di base.

Prima di iniziare il processo di hack, è possibile incorporare un computer che sia compatibile con questi requisiti, idealmente i programmi dovrebbero essere eseguiti alla massima capacità, altrimenti anche se è il download giusto, non genererà gli effetti previsti di rivelare una chiave o attaccare una rete WiFi.

• Ritiene che il cracking non sia legale

La pratica del cracking non è del tutto legale, soprattutto quando si inizia a generare consumo di dati, anche se è un reato legale minore, cioè si espone solo a una multa, più la maggior parte degli strumenti sono progettati per controllare le reti WiFi, ma con il suo potere, venire a essere utilizzato per un obiettivo di hacking.

• Il vantaggio si presenta sulle reti con protocolli di sicurezza inferiori.

Nel bel mezzo dell'hacking delle reti WiFi, l'attenzione dovrebbe essere concentrata sulle reti che sono del tipo WEP, in quanto forniscono un ampio vantaggio di vulnerabilità, perché la loro stessa vecchia configurazione è una vulnerabilità che può essere facilmente sfruttata.

Cosa fare quando usano metodi di hacking sulle tue reti WiFi

Quando uno qualsiasi degli strumenti di cui sopra causa una breccia nella vostra sicurezza WiFi, è il momento di pensare a rafforzare ogni aspetto debole della rete, in modo che l'accesso sia completamente contratto, l'immunità all'hacking può essere costruita dopo i seguenti passi:

- Impostare la chiave WiFi, invece di default sul router, la soluzione migliore è quella di personalizzare.

- Modificare il nome della rete (SSID), questo aiuta a rendere difficile sapere che tipo di router è, impedendogli di sfruttare le falle di sicurezza che la marca ha.

- Utilizza la crittografia WPA2, questa decisione o misura cerca di rendere complicato o generare più tempo per decifrare la chiave per mezzo di qualche software.

- Limitare il numero o la quantità di indirizzi IP, questa assegnazione impedisce la creazione di una concorrenza di hacker, un'altra opzione è quella di mettere un filtro MAC sul router.

- Limita la tecnologia che non viene utilizzata, questo ha a che fare con l'attivazione di WPS.
- Ha un firmware che è soggetto ad aggiornamenti.
- Utilizza una vecchia installazione, come l'adattamento dei cavi, essendo una modalità molto più affidabile.

La massima sicurezza del protocollo WPA3

Di fronte all'hacking delle reti WiFi, è vitale prendere in considerazione i protocolli di sicurezza che rimangono sotto costante innovazione, come è successo con il lancio del protocollo WPA3, che impone una grande preoccupazione per qualsiasi scopo di attacco, perché le password sono più complesse da craccare.

Vulnerare questo tipo di reti wireless, è praticamente impossibile, a meno che non si possa ottenere un'interazione con la rete WiFi, e l'uso di vecchi dati non è fattibile, poiché stanno diventando più sicuri, allo stesso tempo, i dispositivi intelligenti sono semplici da configurare attraverso WiFi Easy Connect.

Per mezzo di questo aggiornamento, anche le reti WiFi pubbliche diventano sicure, tutto grazie alla potenza della sua crittografia, soprattutto alla ricerca di un ramo specializzato, uno per gli ambienti domestici e un altro per le aziende, anche se se non si mettono lunghe password, c'è ancora un grande rischio di vulnerabilità.

www.ingramcontent.com/pod-product-compliance
Lightning Source LLC
Chambersburg PA
CBHW071302050326
40690CB00011B/2498